DIE WELT DES ISLAM

Arbeitsheft
Sekundarstufe I
von Lothar Schmalfuß

2., durchgesehene Auflage

VANDENHOECK & RUPRECHT IN GÖTTINGEN

Neben diesem **Schülerarbeitsheft für Sekundarstufe I** liegt ein **Arbeitsheft für Sekundarstufe II** (Weltmacht Islam. Von Hermann Kuntz u. A.) vor. – Das **Lehrerheft** ist in der Reihe **Analysen und Projekte zum Religionsunterricht** als Heft 7 unter dem Titel erschienen: Weltmacht Islam. Lehrerheft von Helmut Angermeyer in Zusammenarbeit mit H. Renzing-Hombrecher, Renate Hust, Hermann Kuntz und Lothar Schmalfuß.

Ferner sind erschienen:

Quellentexte zum Religionsunterricht

2. Glaube und Naturwissenschaft (herausgegeben und eingeleitet von Georg Süßmann)

3. Außerchristliche Religionen der Gegenwart (herausgegeben und eingeleitet von Walter Tebbe)

4. Konfessionen des Marxismus (herausgegeben von Gerhard Isermann)

5. Christliche Ethik (herausgegeben von Heinz-Horst Schrey)

6. Weltweite Christenheit. Ein Quellenheft zur Ökumene und Weltmission (herausgegeben von Hans Günther Schweigert)

7. Moderne Literatur und Texte der Bibel (herausgegeben von Franz W. Niehl)

Zweite Folge:

Befragter Glaube. Herausgegeben von Reimar Kakuschke und Günter Wichmann

11. Gespräch mit dem Atheismus

12. Reden von Gott

13. Der Anspruch Jesu

14. Frieden auf Erden

15. Verantwortete Sexualität

16. Juden und Christen

17. Politische Ethik

18. Wege zur Bibel

19. Glück und Heil

20. Neues Bewußtsein, neue Religiosität

21. Menschenbilder

Die Hefte 11–21 erscheinen als Ausgabe für den katholischen Religionsunterricht unter dem Reihentitel „Theologisches Forum" im Patmos-Verlag Düsseldorf

ISBN 3-525-61306-7
© Vandenhoeck & Ruprecht, Göttingen 1974 –
Druck: Hubert & Co., Göttingen

INHALT

ZEITUNGEN BERICHTEN AUS DER WELT DES ISLAM

Eisenbahner mit Gebetsteppich

Die Beschäftigung von Türken und Marokkanern stellt die Bundesbahn vor besondere Probleme. Wie die Hauptverwaltung in Frankfurt mitteilte, muß der Dienstplan auch auf die für Moslems im Koran streng vorgeschriebenen Gebetsübungen Rücksicht nehmen. In den Unterkünften müßten Gebetsräume und Einrichtungen zur Waschung vor dem Gebet zur Verfügung stehen. Bei der Bundesbahn wird erwogen, ob Gebetsteppiche als jüngster Titel in das Inventarverzeichnis aufgenommen werden sollen.

(Süddeutsche Zeitung 1970)

Khadhafi will "Gesetz Allahs" in Libyen einführen

Der libysche Staats- und Regierungschef Khadhafi will nach Darstellung der ägyptischen Nachrichtenagentur Mena in seinem Land das "Gesetz Allahs" einführen und das an westlichen Vorbildern orientierte Rechtssystem durch ein moslemisches ablösen. Wie Mena meldete, erklärte Khadhafi dies auf der Schlußsitzung einer Konferenz islamischer Gelehrter und Koranausleger in der libyschen Stadt El Beida. Er vertrat die Ansicht, Moslems müßten sich auf allen Lebensgebieten vom Koran leiten lassen oder den "Zorn Allahs" gewärtigen. Rückschrittliche Verhältnisse, Uneinigkeit und die Empfindung der Schmach über die Niederlage gegen Israel in den arabischen Ländern seien ein Resultat der Abweichung vom islamischen Gesetz.   (Süddeutsche Zeitung 1972)

Erste islamisch-christliche Gebetsandacht auf deutschem Boden

An der ersten islamisch-christlichen Gebetsandacht auf deutschem Boden haben im Rahmen des Seminars "Dialog zwischen Islam und Christentum" 150 Christen und Moslems teilgenommen. Die Andacht in der evangelischen Reinholdi-Kirche begann mit dem Gebetsruf des Muezzin, der in islamischen Ländern vom Turm der Moschee ertönt; dann folgten Kirchenmusik von Bach, evangelische Kirchenlieder, sowie Lesungen aus dem Koran und der Bibel. Ein ursprünglich geplantes gemeinsames Fürbittengebet fand nicht statt. Die Vertreter des Islam hielten eine solche "Verflechtung" für zu weitgehend. Der Flügelaltar der Kirche wurde auf Wunsch der Moslems zugeklappt, als sie im Anschluß an die Andacht ihr Nachmittagsgebet sprachen. Als Muezzin und Vorbeter wirkte der Religionsbeauftragte beim türkischen Generalkonsulat in Essen, Asman Yrkmin, mit.

(Weg und Wahrheit 1970)

Kathedrale von Cordoba wieder Moschee

"La Mezquita", die riesige Kathedrale von Cordoba, die im 8. - 10. Jahrhundert als Hauptmoschee des spanischen Omajjaden-Kalifats auf 860 Säulen erbaut worden war, soll den Moslems zurückgegeben werden. Dies teilte der spanische Botschafter in Pakistan auf einem Empfang in Lahore mit.
(Materialdienst aus der Ev. Zentralstelle f. Weltanschauungsfragen 1973)

Trennung von Staat und Religion in Indonesien?

In Indonesien, dem seit der Teilung Pakistans größten Moslemstaat der Welt, scheint sich eine erstaunliche Entwicklung anzubahnen. Noch im März dieses Jahres hatte die Indonesische Regierung als eine der ersten die Charta der "Islamischen Konferenz" unterschrieben, in der sich die Islamstaaten zusammengefunden haben, um die religiösen und politischen Belange des Islam wirksamer zum Zug zu bringen. Etwa zur gleichen Zeit betonte der Minister für Religiöse Angelegenheiten und Pilgerfahrt, Dahlan, daß die Säkularisierung Indonesiens ein Wunschtraum der christlichen Minderheiten bleibe, da der Islam keine Trennung von Staat und Religion zulasse. Völlig überraschend setzt sich daher plötzlich die Regierungspartei Golkar in einer großangelegten Kampagne für eine strikte Trennung von Staat und islamischer Religion sowie für eine Kontrolle der moslemischen Bruderschaften ein. (Aus Kirche und Welt 1972)

Münchener Moschee feierlich eingeweiht

Mit einer dreistündigen Feier, an der rund 200 Ehrengäste aus dem In- und Ausland teilnahmen, wurde gestern nachmittag das islamische Zentrum, zu dem auch eine Moschee gehört, eingeweiht. Die Moschee ist die sechste in der Bundesrepublik und soll den 30 000 Anhängern Allahs, die im Großraum der bayerischen Landeshauptstadt leben, als religiöser und kultureller Treffpunkt dienen. Das Dreimillionenobjekt wurde durch Spenden aus 14 islamischen Staaten finanziert.

(Süddeutsche Zeitung 1973)

WAS WIR DER ISLAMISCHEN KULTUR VERDANKEN

Durch die Ausbreitung des Islam, durch die Übernahme und Ein-
schmelzung alter Kulturen entsteht bald schon nach Mohammeds
Tod ein islamisches Weltreich mit einer neuen islamisch bestimmten Kultur. Es reicht von Indien bis nach Spanien und von
Sizilien bis tief nach Afrika hinein.
Die Höfe der Kalifen entfalten märchenhafte Pracht. Dichtung
und Baukunst entwickeln sich zu hoher Blüte. Die Wissenschaf-
ten nehmen einen erstaunlichen Aufschwung.
Da der Koran nicht übersetzt werden durfte, wird das Arabische
zur beherrschenden Sprache in diesem Teil der Welt. Das Abend-
land übernimmt deshalb mit den Leistungen der islamischen Kultur auch die entsprechenden Worter und Begriffe aus dem Arabischen.

Arabische Lehnwörter

Admiral, Alchemie, Algebra, Alkali, Alkohol, Alkoven, Alpaka,
Artischocke, Azimut, Azur, Barchent, Benzin, Beteigeuze, Blu-
se, Conditorei, Damast, Dingi, Diwan, Duane, Esdragon, Ga-
maschen, Gaul, Gitarre, Ingwer, Joppe, Kaffee, Kandis, Kaper,
Karmin, Karavelle, Karussell, Kattun, Kümmel, Laute, Lila,
Limonade, Mandoline, Marzipan, Matratze, Mokka, Muskat,
Mütze, Nadir, Orange, Pommeranze, Safari, Safran, Satin,
Schach, Schanze, Sofa, Spinat, Tambour, Tamburin, Tarock,
Wega, X, Zenit, Ziffer, Zimt, Zwetschge.

1. Stellt mit Hilfe eines Lexikons die Bedeutung der euch
   unbekannten Wörter fest.
2. Ordnet dann alle Wörter folgenden Bereichen zu:
   Wissenschaft und Forschung ....
   Seefahrt und Reiseverkehr ....
   Architektur und Wohnkomfort ....
   Kochkunst und Gaumenfreuden ....
   Bekleidung und Farben ....
   Freizeit und Spiel ....
   ....

3. Schreibt in kurzen Sätzen nieder, welche Schlüsse ihr
   aus den von euch gefundenen Ergebnissen ziehen könnt.

Arabische Ziffern

Bis ins Mittelalter hinein wurden in Europa Zahlwerte wörtlich
ausgeschrieben oder durch römische Zahlzeichen ausgedrückt:
I=1, V=5, X=10, L=50, C=100, D=500, M=1000

Nebeneinandergestellte Zeichen werden zusammengezählt:
VI=V+I=6

Steht eine kleinere Ziffer links von einer größeren, wird sie von
dieser abgezogen:
IV=V-I=4

Bereits im 8. Jahrhundert übernehmen islamische Kaufleute und
Gelehrte die indische Zahlschrift und vervollkommnen sie der-
art, daß sie später dann auch in Europa die römische Zahlschrift
ablöst. Heute benutzen alle Kulturvölker der Welt die "arabischen
Ziffern".

ICH BIN NICHTS ALS EIN DEUTLICHER WARNER - DAS LEBEN DES PROPHETEN

"Ich bin kein Wunder von einem Gesandten, der über alles und jedes Auskunft geben könnte. Und ich weiß nicht, was mit mir und was mit euch geschehen wird. Ich folge nur dem, was mir als Offenbarung eingegeben wird, und ich bin nichts als ein deutlicher Warner." (Sure 46, 9)

Mohammed wurde als Sohn des Abd Allah und der Amina um das Jahr 570 in Mekka geboren. Diese Stadt war damals in ganz Arabien vor allem der Kaaba wegen bekannt, einem würfelförmigen Bau, in dem ein Meteorit, der "Schwarze Stein", eingelassen war. Dort verehrten die Araber eine Vielzahl von Gottheiten und Geistern. Ihr oberster Gott Allah spielte in ihrem Leben kaum eine Rolle. Sie fühlten sich auch keinen sittlichen Geboten verpflichtet. Spiel, Wucher und Ausbeutung waren unter ihnen an der Tagesordnung. Die Familien des Stammes der Koraischiten beherrschten das Heiligtum der Kaaba und verlangten von den Pilgern Wucherpreise für die Erlaubnis, dort zu beten, den Göttern zu opfern oder das Orakel zu befragen. Mit dem so gewonnenen Geld kauften sie Krieger und Sklaven und rüsteten riesige Karawanen aus. Ihr Reichtum und ihre Macht wuchsen beständig an.

Mohammed hatte daran freilich keinen Anteil. Sein Vater starb bereits vor seiner Geburt, seine Mutter, als er kaum sechs Jahre alt war. So wuchs er im Hause seines Onkels Abu Talib auf, dem er als Hirte und Kameltreiber diente. Später arbeitete er für die reiche Kaufmannswitwe Chadidscha. Mit fünfundzwanzig Jahren heiratete er die um fünfzehn Jahre ältere Frau. Ihre beiden Söhne starben früh. Nur ihre vier Töchter blieben am Leben. Auf seinen ausgedehnten Handelsreisen begegnete Mohammed auch Juden und Christen und hörte von deren Glauben an den einen Gott, der im krassen Gegensatz zum Kult in Mekka stand. Die Frage nach Gott ergriff ihn so heftig, daß er sich immer wieder von den Seinen absonderte und oft tagelang in der Einsamkeit der Berge meditierte. Seiner eigenen Aussage nach erschien ihm dort eines Nachts der Erzengel Gabriel, offenbarte ihm die Wahrheit von Allah als dem einzigen und allmächtigen Gott und berief ihn zum Propheten. Etwa ab 610 begann er seine Predigttätigkeit in Mekka. Er verkündete Gottes hereinbrechendes Gericht, prangerte den Götzendienst und die herrschenden sozialen Mißstände an und forderte mit der Gleichheit aller Menschen vor Gott auch die Für-

sorge für die Armen und Waisen. Mit dieser Predigt zog er sich
die Feindschaft der mächtigen Koraischiten zu. Sie sahen durch
ihn die Bedeutung Mekkas als Wallfahrtsort und damit ihre Vor-
machtstellung unmittelbar bedroht. Haßerfüllt verfolgten sie Mohammed. Seine Stellung in Mekka wurde unhaltbar. Darum löste
er sich 622 aus seinem Stammesverband und wanderte mit seinen
Anhängern, meist einfachem Volk und Sklaven, nach Yathrib aus,
das später die Stadt des Propheten, Medina, genannt wird. Von
diesem Jahr an zählt die islamische Zeitrechnung. Von diesem
Jahr an wurde der Islam auch zur politischen Macht; denn die
Zugehörigkeit zum Volk von Medina ist nicht mehr abhängig von
der Zugehörigkeit zu den dort wohnenden Stämmen, sondern von
der Zugehörigkeit zur Gemeinde der Gläubigen. Mohammeds
Erwartung, die jüdischen Einwohner Medinas würden ihn auch
als Prophet Gottes anerkennen und sich als Teil seiner Gemeinde
verstehen, wurde bitter enttäuscht. Daraus zog er schwerwiegen-
de Konsequenzen. Er vertrieb und vernichtete diese jüdischen
Familienverbände. Er bestimmte auch, daß die Gebete der Gläubigen nicht mehr in Richtung Jerusalem, sondern in Richtung
Mekka zu vollziehen seien. Gleichzeitig betrieb er die Eroberung
dieser Stadt. Eine Reihe bewaffneter Auseinandersetzungen zwischen seinen Anhängern und den Bewohnern Mekkas führte schließlich zum offenen Krieg. Nach achtjährigen wechselvollen Kämpfen
eroberte Mohammed 630 die Stadt, in der er geboren worden war
und seine ersten Offenbarungen empfangen hatte. Die Götzenbilder
der Kaaba wurden zerstört, der Bau selbst mit dem "Schwarzen
Stein" zum zentralen Heiligtum der Anbetung Allahs erklärt.
Zwei Jahre später unternahm Mohammed von Medina aus eine
letzte triumphale Wallfahrt zur Kaaba und setzte damit ein Beispiel, das für alle Moslems verbindlich wurde. Kurz nach seiner
Rückkehr nach Medina starb er 632.

1. Von welchen Orten berichtet der vorhergehende Text,
   von welchen Daten und Ereignissen, die für Mohammed
   bedeutsam waren?
2. Welche Eigenschaften führt er an, die Mohammed
   charakterisieren?
3. Der Koran erzählt nicht die Lebensgeschichte Mohammeds. Er enthält aber Aussagen, die auf ganz
   bestimmte Situationen seines Lebens verweisen.
   Ordnet die folgenden Koranstellen den entsprechenden Lebenssituationen Mohammeds zu.

" Wir haben doch Noah und Abraham als unsere Boten gesandt und in ihrer Nachkommenschaft die Prophetie und die Schrift heimisch gemacht. Etliche von ihnen waren rechtgeleitete. Aber viele von ihnen waren Frevler.

1 Hierauf ließen wir hinter ihnen her unsere weiteren Gesandten folgen. Und wir ließen Jesus, den Sohn der Maria, folgen und gaben ihm das Evangelium, und wir ließen im Herzen derer, die sich ihm anschlossen, Milde Platz greifen, Barmherzigkeit und Mönchtum." (Sure 57, 26-27)

"Sie wundern sich darüber, daß ein Warner aus ihren eigenen Reihen zu ihnen gekommen ist. Und sie sagen in ihrem Unglauben: Dies ist ein verlogener Zauberer.

2 Will er denn aus verschiedenen Göttern einen einzigen Gott machen? Das ist doch merkwürdig.
Und die Vornehmen von ihnen entfernen sich mit den Worten: Geht hin und haltet euren Göttern die Treue. Das ist, was man von euch haben möchte." (Sure 38, 4-6)

3 "Heute habe ich euch eure Religion vervollständigt, so daß nichts mehr daran fehlt, und meine Gnade an euch vollendet, und ich bin damit zufrieden, daß ihr den Islam als Religion habt." (Sure 5, 3)

"Hat er dich nicht als Waise gefunden und dir Aufnahme gewährt, dich auf dem Irrweg gefunden und rechtgeleitet,

4 und dich bedürftig gefunden und reich gemacht?
Gegen die Waise sollst du deshalb nicht gewalttätig sein, und den Bettler sollst du nicht anfahren.
Aber erzähle deinen Landsleuten wieder und wieder von der Gnade deines Herrn!" (Sure 93, 6-11)

5 "Waret ihr Juden nicht jedesmal, wenn ein Gesandter euch etwas überbrachte, was nicht nach eurem Sinn war, hochmütig und erkläret ihn für lügnerisch oder brachtet ihn um?" (Sure 2, 87)

6 "Bestimmt werdet ihr - so Gott will - die heilige Kultstätte in Sicherheit und Frieden betreten und euch dort den Kopf scheren oder die Haare stutzen, ohne daß ihr euch vor irgend jemand zu fürchten braucht." (Sure 48, 27)

7 "Der du dich mit dem Obergewand zugedeckt hast, stell dich auf und warne deine Landsleute vor der Strafe Gottes." (Sure 74, 1-2)

Diese türkische Miniatur zeichnet ein bestimmtes
Ereignis im Leben Mohammeds nach.

DAS WORT ALLAHS - DER KORAN

Sure 16

3) Er hat Himmel und Erde wirklich und wahrhaftig geschaffen. Und er ist erhaben über das, was sie ihm an anderen Göttern beigesellen.

4) Er hat den Menschen aus einem Tropfen Sperma geschaffen. Und gleich ist er, kaum daß er überhaupt existiert, ausgesprochen streitsüchtig und rechthaberisch.

5) Und auch das Vieh hat er geschaffen. Es bietet euch durch seine Wolle die Möglichkeit, euch warm zu halten, und ist euch auch sonst in mancher Hinsicht von Nutzen. Und ihr könnt davon essen.

6) Auch findet ihr es schön und freut euch daran, wenn ihr es abends ein- und morgens zum Weiden austreibt.

7) Und es trägt eure Lasten zu einem Ort, den ihr der weiten Entfernung wegen sonst nur mit Mühe erreichen könntet. Euer Herr ist wirklich mitleidig und barmherzig.

8) Und die Pferde hat er geschaffen und die Maultiere und Esel, damit ihr sie besteigt und darauf reitet, sowie als Schmuck. Und er schafft auch noch anderes, was ihr nicht wißt.

9) Und die Sorge für die Einhaltung des rechten Weges obliegt Gott allein. Es gibt darunter auch welche, die von der geraden Richtung abweichen. Und wenn er gewollt hätte, hätte er euch insgesamt rechtgeleitet.

10) Er ist es, der vom Himmel Wasser hat herabkommen lassen. Davon gibt es für euch zu trinken, und davon entsteht Gebüsch, in dem ihr euer Vieh weiden lassen könnt.

11) Er läßt euch dadurch das Getreide wachsen, und die Olivenbäume, Palmen und Weinstöcke und sonst allerlei Früchte. Darin liegt ein Zeichen für Leute, die nachdenken.

12) Und den Tag und die Nacht hat er in euren Dienst gestellt, desgleichen die Sonne und den Mond. Und auch die Sterne sind durch seinen Befehl dienstbar gemacht. Darin liegen Zeichen für Leute, die Verstand haben.

13) Und zu alledem kommt hinzu, was er euch sonst noch an verschiedenen Arten hat wachsen lassen. Darin liegt ein Zeichen für Leute, die sich mahnen lassen.

14) Und er ist es, der das Meer in euren Dienst gestellt hat, damit ihr frisches Fleisch daraus esset und Schmuck daraus gewinnt, um ihn euch anzulegen. Und du siehst die Schiffe darauf ihre Furchen ziehen. Ihr sollt euch diese Gabe Gottes zunutze machen und danach streben, daß er euch Gunst erweist, indem ihr auch

auf dem Meer euren Erwerb nachgehen könnt. Vielleicht würdet
ihr dankbar sein.
15) Und er hat auf der Erde feststehende Berge angebracht, damit
sie mit euch nicht ins Schwanken komme, und Flüsse und Wege.
Vielleicht würdet ihr euch rechtleiten lassen.
16) Und Wegzeichen hat er auch gemacht. Und mit Hilfe der Sterne
finden sie sich bei Nacht zu Wasser und zu Land zurecht.

Das Bild illu-
striert eine Sze-
ne, die in Sure 12
geschildert wird
und uns aus dem
Alten Testament
bekannt ist.

17) Ist denn einer, der erschafft, gleich wie einer, der nicht erschafft? Wollt ihr euch denn nicht mahnen lassen?

1. Schildert, was euch beim Lesen dieses Koranabschnittes aufgefallen ist!
2. Vergleicht ihn mit der ersten Schöpfungserzählung der Bibel 1. Mose 1,1-2, 4a!

Der Koran ist die heilige Schrift des Islam. Er enthält Aussagen über Allahs Allmacht und seine Weltschöpfung, Erzählungen von Noah, Mose, Abraham und Jesus, Schilderungen des jüngsten Gerichts, Aufrufe zum Kampf gegen die Ungläubigen und Vorschriften, die das Recht und Ritual betreffen. Nach Mohammeds eigenem Verständnis sind dies alles Offenbarungen, die ihm (ab 610) durch Vermittlung des Erzengels Gabriel zuteil wurden. Er bringt also nichts Eigenes hervor. Er spricht vielmehr nur aus, was ihm wörtlich eingegeben wurde. Dies allein ist seine Aufgabe und sein Amt:
"Bewege deine Zunge nicht damit (das heißt mit dem Vortrag eines Korantextes), so daß du dich damit übereilst. Es ist unsere und nicht deine Aufgabe, ihn zusammenzubringen und zu rezitieren. Und erst wenn wir ihn dir vorrezitiert haben, dann folge seiner Rezitierung!" (Sure 75, 16-18).

Eine Seite aus einer der ältesten Koranhandschriften

Mohammeds Schwiegersohn, der Kalif Othman, organisiert um 650 die Sammlung all dieser in altarabischer Reimprosa verfaßten Aussprüche und läßt sie in einem Buch niederschreiben. Sein Wortlaut wurde bis heute nicht im geringsten verändert. Die erste der 114 Suren ist ein Gebet. Sie eröffnet den Zugang zum Koran. Darum heißt sie Fatiha (Öffnende). Jeder Moslem rezitiert sie im Pflichtgebet täglich mehrmals. Alle folgenden Suren sind ihrem Umfang nach geordnet, so daß die längste am Anfang steht (Sure 2) und die kürzeste am Schluß (Sure 114).

Der Koran regelt das gesamte Leben eines Moslem. Er ist heiliges Buch und zugleich verbindliche Rechtsquelle und Anleitung für politisches und gesellschaftliches Verhalten. Um seinen Inhalt nicht zu verfälschen, darf er nur in arabischer Sprache gelesen und vorgetragen werden.

Neben dem Koran dienen noch die in der Sunna gesammelten Worte und Taten Mohammeds als Richtschnur für das religiöse und soziale Leben der Moslem.

Bibel	Koran
Entstehungszeit	
950 v. Chr. bis 180 n. Chr.	....
Verfasser	
Verschiedene, oft unbekannte Verfasser in mehreren Sprachen	....
	....
Überlieferung	
Jedes der 66 Bücher liegt nur in Abschriften vor mit häufig von einander abweichenden Textstellen.	....
	....
Offenbarungsverständnis	
Sie ist menschliches Zeugnis von der Offenbarung Gottes in der Geschichte und daher menschlich-geschichtlichen Bedingungen unterworfen.	....
	....
	....

Ergänzt dieses Schema parallel zu den für die Bibel angegebenen Daten für den Koran.

Die Schrift, in der kein Zweifel ist

Rimas Vater war ein wohlhabender Bauer in der Umgebung von
Jaffa. Nach Krieg und Flucht lebt er mit seiner Familie in ei-
nem Flüchtlingslager in Jordanien. Er ist ein strenger Moslem.
Darum lernt Rima vorm ersten Wort an, das sie sprechen kann,
die Verehrung des Koran und die Furcht vor dem Nichteinhalten
seiner Gebote. Zunächst küßt sie nur ehrfurchtsvoll den Koran.
Dann lernt sie im Nachsprechen die ersten Verse in der richtigen
Singbetonung auswendig, obwohl ihr die Worte selbst meist unver-
ständlich waren. Auch später in der Schule steht der Koran lange
Zeit im Mittelpunkt des Unterrichts. Rima hört von den Wasch-
vorschriften, die man einhalten muß, wenn man den Koran berühren oder beten will. Sie erfährt auch, wann ein Mädchen den Koran
überhaupt nicht berühren oder beten darf. Neben Furcht und Ehr-
furcht wachsen in ihr Bewunderung für den Koran als der Quelle
der besten arabischen Sprache und Stolz auf den Islam als der
vollkommensten Religion.

Nach dem Abitur kommt sie für ein Jahr zu einem Sportlehrer-
kurs nach Deutschland. Hier beendet sie zum vierten Mal die
volle Lesung des Koran und gestaltet, wie es dabei üblich ist,
ein kleines Fest mit Kerzen und Nüssen. Sie lädt ihre Kolleginnen-
nen dazu ein und erzählt ihnen vom Anlaß dieser Feier. Die deutschen Mädchen bewundern sie. Nach einer Weile aber fragt eine
von ihnen: "Wenn du so den Koran und die Gebote liest, hast du
da nicht manchmal Zweifel? Uns ist in unserer Religion oftmals
etwas zweifelhaft. Dann sprechen wir lange darüber." Rima ist
erstaunt und entsetzt: "Wie kann jemand am Koran und am Islam
zweifeln? Es ist doch alles von Allah geboten und alles so einfach und verständlich. Nein, ich zweifle nie. Das Christentum
scheint doch recht unklar und schwach zu sein."

Begründet die Einstellung und Haltung Rimas.
Überlegt, was ihr Rima weiter geantwortet hättet.

ER HAT ZU ALLEM DIE MACHT - ISLAM HEISST ERGEBUNG

"Gott ist einer allein. Es gibt keinen Gott außer ihm. Er ist der
Lebendige und Beständige. Ihn überkommt weder Ermüdung noch
Schlaf. Ihm gehört alles, was im Himmel und auf Erden ist. Wer
unter den himmlischen Wesen könnte - außer mit seiner Erlaubnis - am jüngsten Tag bei ihm Fürsprache einlegen? Er weiß,
was vor und was hinter ihnen liegt. Sie aber wissen nichts davon - außer was er will. Sein Thron reicht weit über Himmel
und Erde. Und es fällt ihm nicht schwer, sie vor Schaden zu be-
wahren. Er ist der Erhabene und Gewaltige." (Sure 2, 255)

"Wenn Gott einen rechtleiten will, weitet er ihm die Brust für den
Islam. Wenn er aber einen irreführen will, macht er ihm die Brust
eng und bedrückt, so daß es ihm ist, wie wenn er in den Himmel
hochsteigen würde und keine Luft bekommt. So legt Gott die Unrein-
heit auf diejenigen, die nicht glauben, so daß sie verstockt blei-
ben." (Sure 6,125)

"Er bestraft, wen er will, und erbarmt sich, wessen er sich erbarmen will. Und zu ihm werdet ihr alle zurückgebracht. Und ihr
könnt euch weder auf der Erde noch im Himmel seinem Zugriff
entziehen. Und außer Gott habt ihr weder Freund noch Helfer."
(Sure 29, 21 und 22)

"Er ist der Erste und der Letzte, deutlich erkennbar und zugleich
verborgen. Er weiß über alles Bescheid. Er ist es, der Himmel
und Erde in sechs Tagen geschaffen und sich daraufhin auf dem
Thron zurechtgesetzt hat, um die Welt zu regieren. Er weiß, was
in die Erde eindringt und aus ihr herauskommt, und was vom
Himmel herabkommt und dorthin aufsteigt. Er ist mit euch, wo
ihr auch seid. Gott durchschaut wohl, was ihr tut." (Sure 57, 3
und 4)

"Er ist Gott, außer dem es keinen Gott gibt. Er ist der hochhei-
lige König, dem das Heil innewohnt. Er ist es, der Sicherheit
und Gewißheit gibt, der Mächtige, Gewaltige und Stolze. Gott sei
gepriesen. Er ist erhaben über das, was sie ihm an anderen Göttern beigesellen. Er allein ist Gott, der Schöpfer und Gestalter.
Ihm stehen die schönsten Namen zu." (Sure 59, 23 und 24)

1. Unterstreicht die Namen, die Allah im Koran gege-
   ben werden.
2. Unterstreicht die Tätigkeiten, die von ihm dort aus-
   gesagt werden.

3. Beschreibt das Bild, das Moslems von Gott haben.
4. Überlegt, wie sich der Glaube an diesen Gott in ihrem Leben auswirkt.
5. Begründet, warum die Haltung des Beters auf dem Bild unten Ausdruck des Glaubens an diesen Gott ist.

Moslemischer Busfahrer in Glasgow beim Gebet

WER GLAUBT IST OHNE FURCHT - KISMET

Als das Erdbeben von Bingöl vorüber war, krochen die Überle-
benden aus ihren zerstörten Häusern, knieten nieder, wandten
sich gen Mekka und beteten. Sie beteten zu Gott, der dieses Un-
glück über sie kommen ließ, und riefen ihn um Erbarmen an.
Einige, so wird erzählt, hätten sogar Gott gepriesen. Kaum dem
Tode entronnen und noch in der Ungewißheit über das Schicksal
ihrer Angehörigen hätten sie die Worte aus dem islamischen Glau-
bensbekenntnis gerufen: Allahu akbar - Gott ist groß; la ilah illa-
'llahu - es gibt keinen Gott außer Allah. Erst nachdem sie so vor
Gottes Allmacht in den Staub gesunken waren, begaben sie sich
zu den Trümmern ihrer Häuser, um daraus zu retten, was noch
zu retten war.

Wie wirkt das Verhalten der Bewohner von Bingöl auf euch?
Was erscheint euch bewundernswert an ihnen, was fremd
oder fragwürdig?
Wie erklärt ihr euch, daß sie ihr Schicksal klaglos anneh-
men?
Welche eigenen Erfahrungen verbindet ihr mit dem Wort
"Schicksal"?

KOMMT ZUM GEBET - DIE MOSCHEE

"Wende dich beim Gebet mit dem Gesicht in Richtung der heiligen
Kultstätte in Mekka! Und wo immer ihr Gläubigen seid, da wendet
euch mit dem Gebet in dieser Richtung!" (Sure 2, 15)

Die Moschee ist der Ort, an dem die Moslems zum gemeinsamen
Gebet zusammenkommen. Unmittelbar neben ihr ragt mindestens
ein schlanker, schmaler Turm hoch, das Minarett, von dem aus
der Muezzin fünfmal am Tage zum Gebet ruft. An einem Brunnen
oder einer Wasserleitung mit mehreren Zapfstellen und Becken
vor dem Eingang der Moschee vollzieht der Gläubige die vorgeschriebenen Waschungen. Seine Schuhe stellt er auf einer Bank
ab, ehe er den Innenraum betritt. Dieser ist ganz mit Teppichen
ausgelegt. Eine meist reich verzierte Nische an seiner Stirnsei-
te, der Mihrab, zeigt die Richtung an, in der Mekka liegt und in
die hin das Gebet vollzogen werden muß. Neben ihr steht die "Kan-
zel", der Mimbar, von dessen Treppenaufgang aus am Freitag
der Imam Koranstellen vorträgt und erklärt. Da der Islam eine
Trennung von Welt und Religion nicht kennt, ist die Freitagsan-
sprache oftmals stark politisch geprägt. So kann es zum Beispiel
geschehen, daß ein ägyptischer Minister dabei die "allgemeine
Mobilisierung und den nationalen Kampf" verkündet.

Eine Moschee kann aber auch noch anderen Zwecken dienen, die freilich genau bestimmt sind. So dürfen Männer - nicht Frauen - hier den Koran studieren und in Gruppen seine Aussagen und Gebote diskutieren. Auch Ehen werden hier geschlossen und Schulden bezahlt. Wer in der Mittagshitze Schatten sucht, kann hier ausruhen, und wer keine Behausung hat oder sich auf Reisen befindet, kann nachts hier schlafen.

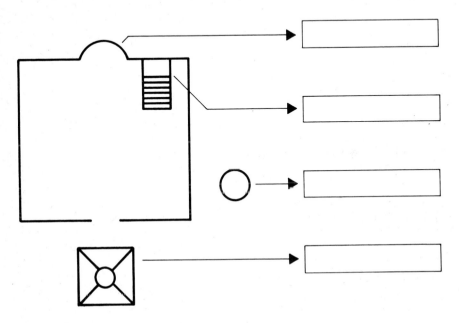

1. Schreibt die Namen der vier Kennzeichen einer Moschee in die dazugehörigen Kästchen.

2. Nennt die Kennzeichen einer christlichen Kirche.

3. Vergleicht die Funktion einer Moschee mit der einer Kirche im Leben ihrer Gemeinden.

4. Vergleicht die vier auf Seite 22 abgebildeten Moscheen!

DIE FÜNF GRUNDPFEILER DES ISLAM

Der Islam beruht auf fünf grundsätzlichen Pflichten, die jeder
Moslem unbedingt einhalten muß:

Das Bekenntnis (shahada)
Das Gebet (salat)
Die Armensteuer (zakat)
Das Fasten (sawm)
Die Wallfahrt nach Mekka (haddsch)

Das Bekenntnis

Aschhadu an la ilaha illa'llah.
Aschhadu anna Muhammadan rasulullah.

Ich bezeuge: es gibt keinen Gott außer Allah.
Ich bezeuge: Mohammed ist sein Gesandter.

Diese Worte sind dem Moslem beständig gegenwärtig. Er hört,
sieht und spricht sie immer wieder. Sie erklingen an den Wiegen
der Neugeborenen und an den Gräbern der Verstorbenen. Sie stehen auf Fahnen, Kunstgegenständen und Bauwerken geschrieben.
Fünfmal täglich werden sie vom Minarett ausgerufen und im an-
schließenden Pflichtgebet mehrmals rezitiert. Es gilt als ver-
dienstliches Werk, mit diesen Worten immer wieder seinen Glauben zu bekennen.
Jeder, welchem Volk er auch zugehört, muß das Bekenntnis in
arabischer Sprache aussprechen. Wer das einmal vor Zeugen ge-
tan hat, ist Moslem geworden.

1. Beschreibt die Wirkung, die die ständige Wiederholung
   des Bekenntnisses auf den Gläubigen ausübt.
2. Weist nach, daß sich das islamische Bekenntnis sowohl
   gegen die Vielgötterei der damaligen arabischen Umwelt
   wie auch gegen den christlichen Glauben wendet.

"Ihr Leute der Schrift! Treibt es in eurer Religion nicht zu weit
und sagt gegen Gott nichts aus, außer der Wahrheit! Christus
Jesus, der Sohn der Maria, ist nicht Gottes Sohn. Er ist nur der
Gesandte Gottes und sein Wort, das er der Maria entboten hat,
und Geist von ihm. Darum glaubt an Gott und seine Gesandten
und sagt nicht von Gott, daß er in einem drei sei! Hört auf sol-
ches zu sagen! Das ist besser für euch. Gott ist nur ein einziger
Gott. Gepriesen sei er! Er ist darüber erhaben, ein Kind zu

haben. Ihm gehört vielmehr alles, was im Himmel und auf Erden ist. Und Gott genügt als Sachwalter." (Sure 4, 171)

Formuliert in kurzen Sätzen eure Meinung zu dieser Aussage.

Das Apostolikum - ein altes christliches Bekenntnis:
Ich glaube an Gott den Vater, den Allmächtigen, Schöpfer Himmels und der Erde.
Und an Jesus Christus, Gottes eingeborenen Sohn, unseren Herrn, der empfangen ist vom Heiligen Geist, geboren von der Jungfrau Maria, gelitten unter Pontius Pilatus, gekreuzigt, gestorben und begraben, niedergefahren zur Hölle, am dritten Tage auferstanden von den Toten, aufgefahren gen Himmel, sitzend zur Rechten Gottes, des allmächtigen Vaters, von dannen er kommen wird, zu richten die Lebendigen und die Toten.
Ich glaube an den Heiligen Geist, eine heilige christliche Kirche, die Gemeinde der Heiligen, Vergebung der Sünden, Auferstehung des Fleisches und ein ewiges Leben.

1. Begründet, warum ein Moslem nur die unterstrichenen Aussagen des Apostolikums mitsprechen kann.
2. Sucht nach Gemeinsamkeiten zwischen Islam und christlichem Glauben.

Das Gebet

"Ihr Gläubigen! Verneigt euch beim Gottesdienst, werft euch in Anbetung nieder, dienet eurem Herrn und tut Gutes." (Sure 2, 77)

Alle Männer, Frauen und Kinder vom 7. Lebensjahr ab sollen fünfmal am Tage ihr Gebet verrichten:
beim Morgengrauen,
in der Mitte des Tages,
am späten Nachmittag,
kurz nach Sonnenuntergang und
vor dem Schlafengehen.

Der Muezzin kündigt die Gebetszeit von der Höhe des Minaretts aus an mit dem Ruf:
Gott ist groß! Gott ist groß! Gott ist groß! Gott ist groß!
Ich bezeuge: es gibt keinen Gott außer Allah!
Ich bezeuge: es gibt keinen Gott außer Allah!
Ich bezeuge: Mohammed ist sein Prophet!
Ich bezeuge: Mohammed ist sein Prophet!

Kommt zum Gebet! Kommt zum Gebet!
Kommt zum Heil! Kommt zum Heil!
Gott ist groß! Gott ist groß!
Es gibt keinen Gott außer Allah!

1. Schildert alle Einzelheiten, die ihr auf dem Bild erkennen könnt.
2. Überlegt, warum man den Gesamteindruck des Bildes mit den Begriffen "Gehorsam" und "Gleichheit" zusammenfassen könnte.

Gültigkeit hat das Gebet eines Moslem nur dann, wenn er die dafür festgelegten Vorschriften genau einhält. Darum wäscht er Hände und Arme bis zum Ellenbogen, Mund, Nase, Gesicht, Kopf und schließlich die Füße bis zu den Knöcheln in genauer Reihenfolge. Erst dann betritt er die Moschee oder stellt sich auf einen Teppich und formuliert seine Absicht zu beten:

> Ich habe mir vorgenommen, vor Gott mein Gebet zu bringen mit einem aufrichtigen Herzen und mit meinem Angesicht nach Mekka gerichtet.

Die folgenden Sätze und Koranverse spricht er nun in einer bestimmten, genau vorgeschriebenen Körperhaltung. Sie sind eine Raka, eine Gebetseinheit, die er zu jeder Gebetszeit zwei- bis viermal wiederholt.

Der Beter stellt sich in Richtung Mekka auf und hebt die beiden Hände an die Ohren, die Handflächen nach vorn geöffnet: Gott ist groß.

Er legt die rechte Hand über der linken zusammen und senkt die Augen zu Boden:

Heiligkeit dir, o Gott, und Preis sei dir!
Groß ist dein Name!
Groß ist deine Größe!
Es ist kein Gott außer dir!

Nach der Anrufung Gottes: Im Namen Gottes, des Erbarmers, des Barmherzigen.

folgt die 1. Sure: Preis sei Gott, dem Herren aller Welten. Dem Erbarmer, dem Barmherzigen, dem König am Tage des Gerichts! Dir allein bringen wir Anbetung, und zu dir allein rufen wir um Hilfe. Leite uns den rechten Pfad, den Pfad derer, denen du gnädig bist, über die du nicht zürnst, und die nicht in die Irre gehen.

In der Regel folgt noch
die 112. Sure:

Er neigt den Oberkörper
nach vorn und legt die
Hände auf die Knie:

Er richtet sich auf und
steht beide Hände an die
Oberschenkel gelegt:

Er fällt auf die Knie, die
Vorderarme und beide
Hände auf den Boden
gelegt:

Er neigt auch den Kopf
bis zur Erde und berührt
zuerst mit der Nase und
dann mit der Stirn den
Boden:

Er setzt sich auf die
Fersen:
Er neigt den Kopf bis
zur Erde:

Sage: Er ist allein Gott, der ewige
Gott.
Er zeugt nicht und ist nicht gezeugt,
und keiner ist ihm gleich.

Gott ist groß.
Ich erhebe die Heiligkeit meines
Herrn, des großen!
Ich erhebe die Heiligkeit meines
Herrn, des großen!
Ich erhebe die Heiligkeit meines
Herrn, des großen!

Gott hört den, der ihn preist.
O Herr, du bist gepriesen.

Gott ist groß.

Ich erhebe die Heiligkeit meines
Herrn, des Allerhöchsten!
Ich erhebe die Heiligkeit meines
Herrn, des Allerhöchsten!
Ich erhebe die Heiligkeit meines
Herrn, des Allerhöchsten!

Gott ist groß.

Gott ist groß.
Ich erhebe die Heiligkeit meines
Herrn, des Allerhöchsten!
Ich erhebe die Heiligkeit meines
Herrn, des Allerhöchsten!
Ich erhebe die Heiligkeit meines
Herrn, des Allerhöchsten!

Er sitzt oder steht:	Gott ist groß.
Er kniet mit den Händen auf den Oberschenkeln:	O Gott, habe Erbarmen mit Moham-med und seinen Nachkommen, wie du Erbarmen hattest mit Abraham und seinen Nachkommen. Du bist zu lo-ben und du bist groß. O Gott, segne Mohammed und seine Nachkommen, wie du segnetest Abraham und seine Nachkommen. Du bist zu loben und groß. O Gott, unser Herr, gib uns den Se-gen dieses Lebens und ebenso den Segen des ewigen Lebens. Rette uns von den Qualen des Feuers.
Er dreht den Kopf nach rechts:	Der Friede und das Erbarmen Gottes sei mit euch.
Er dreht den Kopf nach links:	Der Friede und das Erbarmen Gottes sei mit euch.

Haltungen, die während des Gebets eingenommen werden.

Nach seinem ersten Urlaub in einem islamischen Land urteilt ein junger Europäer:
"Das Gebet der Moslems besteht aus genau vorgeschriebenen, ganz unpersönlichen Wortfolgen, begleitet von gymnastischen Übungen, die in keinem Zusammenhang zu ihnen stehen."
Wie kommt er wohl zu dieser Behauptung?
Welche fremden Texte sprechen wir so nach, daß sie dabei unse-re eigenen werden?
Warum übernehmen wir solche feststehenden Formulierungen?
Welches Thema bestimmt den islamischen Gebetstext?
Wo treffen wir unter uns auf Gebärden, die auch ohne Worte ausdrücken, was wir unmittelbar verstehen?
Welche vorgeschriebene Gebetshaltung der Moslems ist auch uns in ihrer Bedeutung sofort verständlich?
Welches Thema bestimmt die Haltungsvorschriften des islami-schen Gebets?
Was würdet ihr der Behauptung dieses Urlaubers abschließend entgegnen?

Wenn möglich, sollte das Gebet in Gemeinschaft ausgeführt werden, das heißt, unter Führung eines frommen Moslems, der im Ritus bewandert ist. Mohammed soll gesagt haben: "Gebet in Gemeinschaft ist siebenundzwanzigmal besser als Einzelgebet." Der Vorbeter, Imam genannt, ist nicht etwa Angehöriger eines geistlichen Standes. Er kann vielmehr jeden Beruf ausüben. Im Gebet ist er seinen Glaubensgenossen vorgeordnet, nur weil er sich durch Kenntnisse und Frömmigkeit auszeichnet.

Das gemeinschaftliche Gebet ist gültig, gleichviel wie groß die Zahl der Betenden ist. Kommt nur ein Mann dazu, so steht er rechts vom Vorbeter. Kommt nur eine Frau, so betet sie hinter ihm. Viele Männer stehen hinter dem Imam in geradezu parallelen Reihen, dahinter in ähnlichen Reihen die Knaben, ganz hinten die Frauen.

Die Beter folgen den Bewegungen des Imam, sie dürfen ihm nicht zuvorkommen. Sie müssen ihre Reihen geradehalten und dürfen keine Lücken darin lassen. So hat das Gebet nicht nur geistlichen Wert, sondern ist auch eine gute Übung in Disziplin und Einordnung.

Sammelt Informationen über die Gebetspraxis moslemischer Gastarbeiter in deutschen Betrieben.
"Ein Moslem unterscheidet sich von einem Christen, weil er im Gebet ausschließlich die Unterwerfung unter Gottes Willen trainiert."
Diese Feststellung stimmt - völlig
                        - nur teilweise
                        - überhaupt nicht.
Begründet eure Entscheidung.

Die Armensteuer

"Man fragt dich, was man spenden soll. Sag: Wenn ihr etwas Gutes spendet, soll es den Eltern, den nächsten Verwandten, den Waisen, den Armen und dem, der unterwegs ist, zukommen. Und was ihr an Gutem tut, darüber weiß Gott Bescheid." (Sure 2, 215)

Jeder gesunde erwachsene Moslem, der über ein gewisses Existenzminimum verfügt, hat die Armensteuer zu entrichten. Von allem, was er erntet, was er durch selbständige Arbeit verdient, was er durch Handel gewinnt oder an Vieh, Geld und anderen Werten besitzt, muß er je nach seinem Einkommen gestaffelt 3-10 % abgeben. Steuereinnehmer schätzen und überwachen diese Abgabe

und führen sie meist caritativen Zwecken zu:
Unterstützung für Arme und Bedürftige
Unterstützung der Pilger
Unterstützung des Glaubenskrieges
Auslösung von Schuldnern
Auslösung von Gefangenen
Entlohnung der Steuereinnehmer.
Wohl erst in Medina änderte Mohammed das ursprünglich freiwillige Opfer in eine gesetzlich vorgeschriebene Steuer um. Aber auch heute noch kann diese Steuer (zakat) durch zusätzliche Gaben, deren Höhe und Zweck der Gläubige selbst bestimmt (sadaka), ergänzt werden.

1. Begründet die Armensteuer vom moslemischen Verständnis Gottes und seiner Gemeinde her.
2. Beurteilt die Meinung, sie trage wesentlich zur Lösung aller sozialen Fragen in den arabischen Ländern bei.
3. Vergleicht die Almosen- und Steuerpraxis im Islam mit der in den christlichen Kirchen.

Das Fasten

"Fastenzeit ist der Monat Ramadan, in dem der Koran erstmals als Rechtleitung für die Menschen herabgesandt worden ist, und die einzelnen Koranverse als klare Beweise der Rechtleitung und der Rettung. Und wer von euch während des Monats zu Hause anwesend ist, soll in ihm fasten. Und wenn einer krank ist oder sich auf einer Reise befindet und deshalb nicht fasten kann, ist ihm eine entsprechende Anzahl anderer Tage zur Nachholung des Versäumten auferlegt ... . Eßt und trinkt, bis ihr in der Morgendämmerung einen weißen von einem schwarzen Faden unterscheiden könnt! Hierauf haltet das Fasten durch bis zur Nacht!" (Sure 2, 185 und 187)

Einmal im Jahr fasten die Moslems einen ganzen Monat lang. Tag für Tag essen und trinken sie dann nichts von Sonnenaufgang bis Sonnenuntergang. Da das Mondjahr, nach dem sie den Kalender berechnen, elf Tage kürzer ist als unser Sonnenjahr, kann der Monat Ramadan auch in die heiße Sommerzeit fallen. Speziell der Verzicht auf Flüssigkeit verlangt dann eiserne Selbstbeherrschung und bedeutet zugleich spürbare körperliche Schwächung. Dennoch erfüllen die Moslems gerade diese Pflicht besonders gewissenhaft. Das Beiramfest, das die Fastenzeit abschließt, gilt darum auch als eines der beliebtesten Feste der islamischen Welt. Man versammelt sich zum Gottesdienst in der Moschee, man beglückwünscht und beschenkt sich und feiert das Fastenende mit einem ausgedehnten und reichlichen Festmahl.

1. "Im gemeinsamen Fasten wird das Bewußtsein der Einheit der Moslems ebenso gefestigt wie die Fähigkeit, sich von dieser Welt unabhängig zu halten."
   Begründet diese Feststellung.
2. Überlegt, warum auch bei uns manche Menschen Fasten für sinnvoll halten.

Allah verdirbt den Service - ein deutscher Tourist schreibt:

"Freunde, beherzigt meinen Tip, wenn ihr vorhabt, ins Land der roten Feze, der schwarz und weiß verschleierten Frauen, der schweren Jasmindüfte, der Moscheen und Kamele zu reisen, nach Marokko, Tunesien, in die Türkei. Erkundigt euch nach dem, was kein Reisekatalog verrät. Erfragt, wann die Söhne Mohammeds ihren Ramadan, ihren heiligen Fastenmonat haben. Seine Termine sind nicht fest. Seine Auswirkungen - das steht fest! können auch den unbeteiligten Christenmenschen ganz schön zusetzen: Allah verdirbt den Service. Wir haben es erlebt. Ein 4-Sterne-Hotel mit europäischen Komfort. Eine gute Gewähr, sich die arabische Umwelt mit ihrer pittoresken Unaufgeräumtheit in gebührendem Abstand vom Halse zu halten. Sofern man sich ihr nicht mit fotografischen Absichten zu nähern gewillt ist. Doch dann eines Tages rückt die fremde Religion dem armen Touristen unentrinnbar auf den Leib. Der Ramadan beginnt.
Er beginnt zunächst mit einer diskreten Nervosität: ein wenig mehr Unruhe in der strengen Kellnerhierarchie, der Ober pfeift die kleinen Eleven häufiger und lauter an als sonst. Allmählich jedoch gibt es sichtbare Verzögerungen, es dauert alles ein bißchen länger, das Essen, die Telefonvermittlung. Das Zimmermädchen vergißt das Handtuch für die Dusche, die Kassiererin im Bazar nickt am hellichten Tage ein. Nur die Taxi beschleunigen ihr ohnehin verwegenes Tempo und schießen aggressiv durchs Gewühl; man fühlt sich unsicherer denn je in der Hand der hungrigen Chauffeure. Ja, denn hungrig sind sie alle. Der kleine Kellner Ali, der den Gänsebraten für die Gäste bringt, erzählt mit Ringen unter den Augen, daß er nur drei Stunden geschlafen habe und erst in fünf Stunden wieder was zu essen bekomme. So geht es vier Wochen lang: Abends um sechs, bei Sonnenuntergang decken sich die Tische für die Jünger der frommen Askese, das Fernsehen strahlt Minarett- und Koranbilder aus, die Läden schließen, unter Agaven und Opuntien räkeln sich die malerischen Schläfergestalten empor, die das Knurren ihrer Mägen mit Schnarchen übertönt haben. Und

dann gibt es eine lange Nacht, man räsoniert, spielt Karten, bis
um drei Uhr in der Frühe noch einmal ausgiebig gespeist wird,
ehe die anstrengende Fastenreise durch den Tag beginnt.
Die ewigen Nörgler unter den Touristen fühlen sich in ihrem ge-
buchten Ferienglück beeinträchtigt und beschließen, nächsten Jahr
wieder an den deutschen Rhein zu fahren. Der Gutmütigere hat
Mitleid mit dem immer blasser werdenden dunkelhäutigen Kellner
Ali und seinen Genossen, er sieht sie darben, wie Mohammed, der
Prophet, es befahl. Aber sie schaffen es: die touristische Saison
kommt leicht ins Wanken, doch der Rubel rollt weiter. Geschäft
ist Geschäft, auch wenn einem aus religiösem Gehorsam die Augen dabei zufallen.
Unsereiner wundert sich. Denn, Freunde, wo gibt es schließlich
einen Christen, der nicht Gott, Kirche und alle guten Sitten ver-
gäße, wenn es gilt, mit wachen Augen hinter der Kasse zu sitzen!"

1. Nennt Gründe dafür, warum führende Politiker in islamischen
   Ländern das traditionelle Fasten verändern wollen, aber radi-
   kale Maßnahmen dabei scheuen.
2. Versetzt euch in die Lage eines strengen Moslems im Monat
   Ramadan, der bei uns als Gastarbeiter tätig ist.

Die Wallfahrt nach Mekka

"Das erste Gotteshaus, das den Menschen aufgestellt worden ist,
ist dasjenige in Mekka, zum Segen und zur Rechtleitung für die
Menschen in aller Welt. In ihm liegen klare Zeichen vor. Es ist
der heilige Platz Abrahams. Wer ihn betritt, ist in Sicherheit.
Und die Menschen sind Gott gegenüber verpflichtet, die Wallfahrt
nach dem Haus zu machen - soweit sie dazu eine Möglichkeit
finden." (Sure 3, 96 und 97)

Höhepunkt im Leben eines Moslem ist die Wallfahrt nach Mekka.
Jahr für Jahr sind es Hunderttausende, die im 12. Monat des islamischen Jahres aus allen Ländern und Erdteilen aufbrechen,
um gemeinsam nach der Stadt zu pilgern, in der Mohammed geboren und zum Propheten berufen wurde und die Gemeinschaft
gründete, der sie nun alle angehören. In die gleichen weißen Ge-
wänder gehüllt, barfuß, den Kopf kahl rasiert unterscheidet sich
keiner vom anderen, wenn sie die Heilige Stadt betreten. Dort
herrscht ein unbeschreibliches Treiben. Menschen der verschie-
densten Rassen und Sprachen bewegen sich unter fortwährendem
Stoßen, Drängen und Gestikulieren durch die Straßen auf den Heiligen Bezirk zu, einem säulenumgebenen Hof von 164 mal 108 Me-
tern. Hier steht groß und düster die Kaaba, die jeder Pilger siebenmal umschreiten muß, dreimal schnell und viermal langsam,

wobei er jedesmal, wenn er am Schwarzen Stein vorbeikommt, haltmacht, um ihn zu küssen oder wenigstens mit der Hand zu berühren. Die Menge ist wie in Ekstase. Hände strecken sich zum Himmel empor, Gebete werden gemurmelt, Schluchzen wird laut, und immer wieder erschallt der Ruf "Labbarika" (dir gehöre ich, Herr), der aufgenommen und oft rhythmisch wiederholt wird.
Die zweite Pflicht bei der Wallfahrt ist die sogenannte "Kleine Pilgerschaft", bei der jeder in Erinnerung an Hagars verzweifeltes Suchen nach Wasser für ihren Sohn Ismael siebenmal das Tal zwischen den Hügeln Safa und Marwa durchmißt.
Die "Große Pilgerfahrt" führt schließlich zum Berg der Gnade in der Ebene von Arafat. Hier sprach Mohammed seine Abschiedsworte: "Wisset, daß jeder Moslem jedem anderen Moslem ein Bruder ist und daß ihr nun eine große Bruderschaft seid." Hier stehen und beten auch die Pilger von Mittag bis nach Sonnenuntergang. In dieser Zeremonie gipfelt die Wallfahrt.
Es folgt dann noch ein jubelnder Abzug aus der Ebene von Arafat, eine Nacht unter freiem Himmel, ein Tieropfer und ein drei Tage während es Festmahl. Mit einem Schlußumgang um die Kaaba hat der Pilger seine Pflicht erfüllt. Er kehrt mit dem Ehrentitel "Hadschi" in seine Heimat zurück voller Gewißheit, in einer weltumspannenden Gemeinschaft von Brüdern zu stehen, die alle das Gleiche glauben, denken und tun.

Eine deutsche Zeitung urteilt:
"Der ganze Rummel um die Kaaba hat etwas Fremdartiges, Abstoßendes an sich."

Ein europäischer Moslem bekennt:
"Als ich mit all den anderen Pilgern die Kaaba umschritt, erkannte ich plötzlich, daß in all unseren Suchen und Irren Gott die einzige Wahrheit ist, die uns im Leben leiten kann."

1. Setzt euch mit den beiden Aussagen auseinander.
2. Beschreibt die Bedeutung der Wallfahrt für den einzelnen Moslem.
3. Denkt über ihre politische Wirkung auf den gesamten Islam nach.

Eine islamische Legende erzählt:

Als Adam in die Gegend von Mekka kam, fand er einen großen Stein, der ursprünglich leuchtend weiß, durch die Sünden der Menschen schwarz geworden war. Er umschritt ihn siebenmal, lobte dabei Gott und erbaute um ihn die Kaaba.
Später dann, als dieses Heiligtum schon längst wieder in Trümmer gesunken war, kam Hagar an diesen Ort. Von Abraham verstoßen, suchte sie Wasser für ihren verdurstenden Sohn Ismael. Verzweifelt bat sie Gott um Hilfe. Da öffnete sich plötzlich zu ihren Füßen die Quelle Sem-Sem und brachte Rettung. Darum erbauten Abraham und Ismael nach Hagars Tod die Kaaba neu auf den alten Fundamenten.

Vergleicht den Inhalt dieser Legende mit den Aussagen über die Kaabe in der Darstellung des Lebens Mohammeds auf Seite 9!

Auf dem Bild sieht man die Kaaba, den Gebetsplatz Abrahams, das Haus der Quelle Sem-Sem und Teile der großen Moschee.

DER ISLAM EROBERT DIE WELT

"Kämpft gegen sie (die Ungläubigen), bis niemand mehr versucht,
Gläubige zum Abfall vom Islam zu verführen, und bis nur noch
Gott verehrt wird! Wenn sie jedoch mit ihrem gottlosen Wesen
aufhören und sich bekehren, darf es keine Übertretungen geben,
es sei denn gegen die Frevler." (Sure 2, 193)

Mohammed war nicht nur das religiöse Oberhaupt aller Moslems.
Er war zugleich auch ihr politischer Führer und Feldherr im Krieg.
Seine Nachfolger vereinigen diese beiden Ämter ebenfalls in ihrer
Person.

Geschichtstabelle

632-661	Die vier freigewählten Kalifen
632-634	ABU BEKR erobert die arabische Halbinsel und be-siegt die Heere Ostroms (Konstantinopel)
634-644	OMAR erobert Syrien (636), Palästina und Persien (637) sowie Ägypten (641)
644-656	OTHMAN besiegt die oströmische Flotte und sorgt für die endgültige Abfassung des Koran
656-661	ALI, der Vetter Mohammeds, verliert seine Herrschaft und wird ermordet
661-750	Herrschaft der Omajjaden, Hauptstadt Damaskus
707	Islamische Heere dringen bis zum Indus und bis
711	nach Spanien vor
732	Karl Martell schlägt ihren Angriff auf das Frankenreich ab
750-1258	Herrschaft der Abbasiden, Hauptstadt Bagdad
878	Sizilien in islamischer Hand
1096	Beginn der Kreuzzüge
1258	Mongolenstämme zerstören Bagdad
1288-1918	Das Großreich der Türken
1288-1326	Unter Osman I gründen die Türken das osmanische Reich
1453	Sie erobern Konstantinopel,
1529	stoßen erstmals bis Wien vor und
1683	werden dort geschlagen und allmählich aus den Balkanländern verdrängt
1918	Das Osmanische Reich wird am Ende des 1. Weltkrieges aufgelöst, Palästina, Libanon, Syrien und Irak englischer oder französischer Kolonialherrschaft unterstellt
1924	Abschaffung des Kalifats durch Atatürk

	Islamische Nationalstaaten der Gegenwart
1945	Gründung der Arabischen Liga
1947	Entstehung des Staates Pakistan durch Teilung der britischen Kronkolonie Indien
1956	Tunesien und Marokko werden unabhängig
1962	Algerien wird ein arabisch-sozialistischer Staat
1972	Islamischer Weltkongreß: Charta von Dschiddah, Bildung eines islamischen Commonwealth

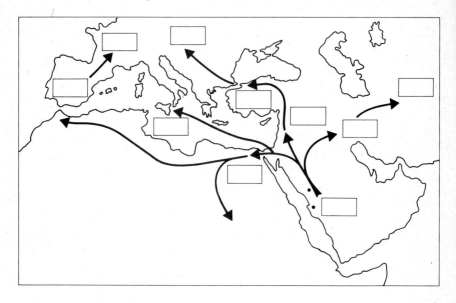

1. Folgt den Pfeilen auf der Kartenskizze und tragt die entsprechenden Jahreszahlen der Geschichtstabelle in die dazugehörigen Kästchen ein.
2. Überlegt euch Gründe für die schnelle Ausbreitung des Islam in den ersten 100 Jahren nach Mohammeds Tod.

Nicht nur durch Eroberung und Unterwerfung sondern auch auf friedlichem Wege hat sich der Islam im Laufe seiner Geschichte immer weiter ausgebreitet. Heute bekennen sich rund 500 Millionen Menschen aus allen Erdteilen zum Glauben des Propheten. Sie alle wenden sich beim Gebet in Richtung Mekka.

Weltreligionen:

Christen	1036 Millionen	Buddhisten	176 Millionen
Moslems	480 Millionen	Shintiosten	73 Millionen
Hindus	430 Millionen	Taoisten	56 Millionen
Konfuzianer	376 Millionen	Juden	15 Millionen
Andere (Volksreligionen und Sonstige)			951 Millionen

MOSLEMS - JUDEN - CHRISTEN

In einer Zeit großer Niedergeschlagenheit hatte Mohammed eine Vision:
Auf dem himmlischen Reittier Borak wird er vom Erzengel Gabriel nach Jerusalem entführt. Von dort steigen sie zum untersten Himmel auf. Gabriel fordert Einlaß. Eine Stimme fragt zurück: "Wer ist da?" Er antwortet: "Gabriel." Wieder fragt die Stimme:"Wer ist bei dir?" Er antwortet:" Mohammed." Zum dritten Mal fragt die Stimme:"Hat man ihn zur Himmelfahrt entboten?" Gabriel antwortet: "Ja." Als sie eintreten, treffen Sie Adam. Gabriel sagt:"Das ist dein Vater Adam, grüße ihn." Da grüßt Mohammed, und Adam erwidert:"Willkommen sei der rechtschaffene Sohn und der rechtschaffene Prophet."
Da steigen sie weiter zum zweiten Himmel empor. Sie treffen dort Johannes und Jesus, die Mohammed begrüßen: "Willkommen sei der rechtschaffene Bruder und der rechtschaffene Prophet."
Im dritten bis sechsten Himmel treffen sie Joseph, Idris, Aaron und Moses. Alle begrüßen ihn als "rechtschaffenen Bruder und Propheten."
Im siebten Himmel aber begegnet ihnen Abraham. Gabriel sagt: "Das ist dein Vater, grüße ihn." Da grüßt ihn Mohammed, und Abraham erwidert: "Willkommen sei der rechtschaffene Sohn und der rechtschaffene Prophet."

Worin gleichen und worin unterscheiden sich die verschiedenen Anreden, mit denen Mohammed begrüßt wird?
Welches Selbstverständnis Mohammeds und aller Moslems spiegelt diese Erzählung wieder?
Welchen Anspruch formuliert sie?
Wie erklärt ihr euch das hohe Ansehen, das Abraham im Islam genießt?
Nennt geschichtliche Ereignisse, die das Verhältnis zwischen Moslems und Christen und das Verhältnis zwischen Moslems und Juden wesentlich geprägt haben und noch heute bestimmen.
Äußert euch zu der Tatsache, daß Jerusalem für Juden, Christen und Moslems eine heilige Stadt ist.

HEIRATET ZWEI, DREI ODER VIER - DIE FRAU IM ISLAM

"Die Männer stehen über den Frauen, weil Gott sie von Natur vor diesen ausgezeichnet hat.
Und wenn ihr fürchtet, daß irgendwelche Frauen sich auflehnen, dann vermahnt sie, meidet sie im Ehebett und schlagt sie! Wenn sie euch daraufhin wieder gehorchen, dann unternehmt weiter nichts gegen sie! Gott ist erhaben und groß." (Sure 4, 34)

"Heiratet, was euch an Frauen gut ansteht, ein jeder zwei, drei oder vier. Und wenn ihr fürchtet, so viele nicht gerecht zu behandeln, dann nur eine." (Sure 4, 3)

Mohammed hat die Stellung der Frau den herrschenden Sitten seiner Umwelt gegenüber spürbar verbessert:
Er lehrte, daß Mädchen wie Jungen eine Gabe Allahs sind.
Er begrenzte die Anzahl der Frauen, die ein Mann heiraten darf, auf höchstens vier.
Er milderte das einseitig männliche Eherecht und verfügte, daß das Brautgeld nicht mehr der Sippe der Braut sondern ihr selber zukommen soll.
Trotzdem unterscheidet sich das islamische grundsätzlich von unserem Eheverständnis.

Aus einem heute gültigen islamischen Ehevertrag:

"Der Ehemann kann, wenn kein gesetzlicher Hinderungsgrund vorliegt, zwei, drei oder vier Ehefrauen zu gleicher Zeit in gleicher Ehe haben; dabei ist der Widerspruch einer Frau, mit der er bereits in Ehe vereinigt ist, ohne Belang.
Er kann seiner Ehefrau gegenüber, wann immer es ihm gefällt, mit ihrer Zustimmung oder ohne sie, die Scheidung aussprechen.
Er kann ihr auch die Genehmigung verweigern, sein Haus ohne seine Erlaubnis zu verlassen ..., und sie kann nach dem Gesetz mit Gewalt gezwungen werden, ihm zu gehorchen. ...
Die Kinder, die in der Ehe einer Frau mit einem islamischen Ehemann geboren werden, folgen der Religion des Letzteren.

Im Scheidungsfalle hat die Frau das Recht, ihre Kleinkinder weiter zu stillen. ... Das Sorgerecht der Frau dauert sieben Jahre für Knaben und neun Jahre für Mädchen...
Verschiedenheit der Religion ist eines der gesetzlichen Hindernisse, die dem Erbrecht entgegenstehen, und der überlebende Gatte kann deshalb den Verstorbenen, der nicht von seiner Religion war, nicht beerben."

1. Stellt fest, was bei uns in Deutschland anders ist.
2. Überlegt, warum nach einer Umfrage unter islamischen Gastarbeitern die Männer das deutsche Familienleben eher für entartet und verwerflich halten, die Frauen eher für fortschrittlich und nachahmenswert.

Die Frauen der Staatschefs - eine Zeitung berichtet:

"Bezeichnend ist das negative Echo, das Khadhafi bei einem Treffen mit etwa 800 ägyptischen Frauen in Kairo erhielt, als er seine Thesen gegen die Gleichberechtigung der Geschlechter verkündete. Gerade in Ägypten, wo die Emanzipation der Frau wohl am stärksten im islamsichen Bereich fortgeschritten ist - in fast allen Behörden und Ministerien arbeiten Frauen, die für Glaubensfragen maßgebende Kairoer Al-Azhar-Universität hat den Frauen sogar die Teilnahme am Freitagsgebet gestattet -, mußte Khadhafis Forderung, den Bereich der Frau wieder auf Küche, Haus und Kinder zu beschränken, offenen Protest auslösen. Als Khadhafi schließlich erklärte, der Gleichberechtigungsanspruch der Frau sei illusorisch, weil Frauen ganz einfach an "biologischen Defekten" litten, die für sie ein Handikap im Berufsleben darstellten, gab es stürmischen Protest.

Nur zwei Frauen in der ersten Reihe blieben ruhig sitzen: die elegante, in ein helles Komplet gekleidete erste Dame Ägyptens, Frau Jihan Sadat, deren Vorliebe für die Schöpfungen der Pariser Haute Couture bekannt ist, und Safiya Khadhafi, die junge und hübsche Frau des libyschen Revolutionärs, sittsam im knöchellangen Kleid, ein unter dem Kinn verknotetes Kopftuch über dem schwarzen Haar - die eine der Prototyp der emanzipierten ägyptischen Frau, die andere ein Beispiel für Khadhafis Heimchen am muselmanischen Herd."

(Anmerkung: Der Name des Libyschen Staatschefs ist hier in der Umschrift "Khadhafi" übernommen. Moslems in Deutschland wählen oft die Schreibweise "Qadhdhafi".)

ICH BIN EIN FREMDLING GEWESEN -
TÜRKISCHE GASTARBEITER IN DEUTSCHLAND

Nach neuesten statistischen Angaben, die auf Unterlagen des Bundesarbeitsamtes in Nürnberg, der Caritas und des Türkischen Arbeiter- und Solidaritätsvereins zurückgehen, leben heute rund 1, 2 Millionen Moslems in Westdeutschland. Der Nationalität nach stellen die Moslems aus der Türkei die größte Gruppe.

"Wenn wir unsere Türken nicht hätten, wäre die ganze Müllabfuhr in München gefährdet", erklärte der stellvertretende Betriebsleiter der Müllabfuhr, Otto S.. Die Gastarbeiter aus Kleinasien, die den Münchenern im wahrsten Sinne des Wortes ihren Dreck wegräumen, sind zum Teil schon sechs Jahre bei der Stadt beschäftigt. Da sich kaum noch deutsche Müllkutscher finden, ist man in München sehr froh um die Türken, die "recht fleißig und arbeitsame Leute" seien."

Orientiert euch, wie Türken in anatolischen Dörfern leben,
wie türkische Gastarbeiter bei uns wohnen,
wie Deutsche über ihre türkischen Arbeitskollegen urteilen.

A) Auf einer Baustelle ereignen sich in einer Woche drei schwere Unfälle. Jedesmal sind türkische Gastarbeiter darin verwikkelt und davon betroffen. "Ich weiß gar nicht, was mit denen in letzter Zeit los ist", wundert sich ein deutscher Vorarbeiter. "Sie sind sonst so zuverlässig." "Vielleicht haben sie zuviel gefeiert", erklärt ein anderer und wendet sich wieder seiner Arbeit zu.

B) Der deutsche Verwalter kontrolliert die betriebseigenen Wohnbaracken türkischer Gastarbeiter. Als er eine Reihe kleiner Teppiche sieht, die offenbar achtlos herumliegen, sagt er: "Diese Dinger da sind verdreckt und verschmiert, der reinste Nistplatz für Ungeziefer. Sie gehören nicht in einen Wohnraum. Raus mit ihnen!"

C) Der Hilfsarbeiter in einem Stahlwerk Ali Osman K. fehlt am Morgen bei Arbeitsbeginn. "Ali verhaftet, Polizei", antwortet einer seiner Landsleute auf die Fragen deutscher Kollegen. "Freundin gestern in Gasthaus frech gewesen - mit anderem Mann. Ali Messer genommen." Die deutschen Arbeiter schauen sich kurz an. "Typisch", sagt einer von ihnen, "wenn es um Frauen geht, greifen sie immer gleich zum Messer."

D) Zwei Frauen, ganz offensichtlich Einheimische, kommen an der neuerbauten Moschee in M. vorbei. "Sieh dir das bloß an", ereifert sich die eine, "jetzt bauen sie ihren mohammedanischen Tempel schon mitten in unsere christliche Stadt. Wenn das so weitergeht, werden wir noch völlig überfremdet." Die andere pflichtet ihr bei: "Eine Schande ist das!"

E) Ein deutscher Elektromeister hat einen seiner türkischen Mitarbeiter sonntags zum Mittagsessen eingeladen. "Meine Frau hat extra Schweinebraten gekocht. Das ist eine Spezialität bei uns!" ermuntert er seinen Gast zum Essen. Doch der wehrt ab und nimmt nur Kartoffeln und Kraut. Als der Türke wieder gegangen ist, schimpft die Frau des Gastgebers: "So eine Unverschämtheit! Da gibt man sich so viel Mühe beim Kochen, und dann kostet er nicht einmal davon!"

F) Ahmet ist Schüler der 1. Klasse einer Volksschule. Er sitzt ganz hinten und arbeitet kaum mit. Als ihn die Lehrerin aufruft und er wieder nur verlegen lächelt und keine Antwort weiß, flüstert ein deutscher Mitschüler seinem Banknachbarn zu. "Der ist vielleicht doof. Der bleibt sicher sitzen."

1. Nehmt zu den geschilderten Vorfällen Stellung.
2. Erarbeitet ein Merkblatt, in dem das wichtigste steht, das ein Deutscher wissen muß, um das Verhalten türkischer Gastarbeiter zu verstehen.

Beschreibt, was der Zeichner dieser Karikaturen kritisieren will.

Zu Hause leben die im Dreck und hier beschweren sie sich, weil nur ein Wasserhahn für 100 Mann vorhanden ist."

„He, Kümmeltürk, da liegt auch noch Dreck!"

WAS IHNEN AN UNS AUFFÄLLT

"Das Seltsamste an Deutschland ist, daß hier Männer Kinder-
wagen schieben, daß Radios so billig und Teppiche so teuer
sind.
In Deutschland dachte ich zu Anfang, hier würden den Leuten
Hunde geboren an Stelle von Kindern. Denn sie haben viele Hunde und tragen sie auf dem Arm. Hunde und Katzen leben wie Kö-
nige in Deutschland.
In Deutschland bekommen die Frauen das Haushaltsgeld, das
ist unmöglich. Bei uns behält der Mann alles Geld. In Deutsch-
land sind die Frauen trotzdem arm, arm am Herzen. Sie haben
nicht genug Liebe.
In Deutschland gibt es viel Reklame. Zu Hause beginnen wir das
Leben mit dem Koran, in Deutschland beginnt es mit Reklame.
In Deutschland ist es verboten, nach Ladenschluß noch zu ver-
kaufen. Bei uns zu Hause würde die Polizei kommen, wenn die
Geschäfte schon spätnachmittags schließen wollten.
In Deutschland ist es möglich, gegen seine Eltern zu sprechen.
Ein Sohn nennt seinen Vater dumm. Das wäre in islamischen
Ländern unmöglich.
Ich habe in Deutschland gearbeitet, in einer Großküche. Man
sprach nicht viel mit mir. Bei uns zu Hause spricht man mit
seinem Mitmenschen, hier nicht."

> In welchen seiner Einstellungen und Verhaltensweisen un-
> terscheidet sich dieser moslemische Gastarbeiter von sei-
> ner deutschen Umwelt?
> Was hat er eurer Meinung nach richtig beobachtet?
> Welche seiner Urteile sind eurer Meinung nach ungenau oder
> falsch?
> Wie kann er zu ihnen gekommen sein?
> Was würdet ihr ihm entgegnen?

Ein Betreuer für Gastarbeiter berichtet:

"Erdem stammt aus Anatolien. Er ist 17 und schon mehrere Jahre mit seiner Mutter und seinen Geschwistern in Deutschland. Intelligent und anpassungswillig kommt er in seiner Ausbildung als Spenglerlehrling gut voran. Er wohnt sogar bei seinem Chef, dessen Frau sich sehr um ihn kümmert. Dennoch fühlt er sich schrecklich einsam. Von seiner Familie hat er sich getrennt, "weil man doch hier nicht wie in der Türkei leben kann." Zur Familie seines Chefs findet er nicht wirlich Kontakt, "weil ich für die letztlich doch ein Türke bleibe, den sie nicht verstehen können."

Nach Abschluß seiner dreijährigen Lehrzeit will er weg aus Deutschland, irgendwohin, nach Südamerika oder Australien. Zurück in die Türkei will er nicht."

QUELLENNACHWEIS

Koranzitate
aus: Rudi Paret, Der Koran, Stuttgart 1966

Die Schrift, in der kein Zweifel ist
nach Anneliese Strecker in: Im Lande der Bibel 3/1965
Jerusalemverein Berlin

Das Erdbeben von Bingöl
aus: Peter Gerlitz, Allah duldet keine Herren neben sich,
in: Deutsches Allgemeines Sonntagsblatt 36/37

Allah verdirbt den Service
Günther H. Moos in: Informationen des Evang. -Luth. Dekanats
München vom 25.1.1973

Zahlenangabe zu den Weltreligionen
aus: Missioni OMI, Rom 11/1972

Aus einem heute gültigen islamischen Ehevertrag
aus: Merkblätter für Auslandstätige und Auswanderer Nr. 10,
hrsg. vom Bundesverwaltungsamt Köln

Die Frauen der Staatschefs
aus: Carl E. Buchalla in Süddeutsche Zeitung vom 19.7.1973

Wie sie uns erleben
aus: Mustapha el Hajij "Vom Affen, der ein Visum brauchte",
Jugenddienstverlag Wuppertal

BILDERNACHWEIS

Seite 12 und 15 aus: Mohammed und seine Zeit, Emil Vollmer
Verlag, Wiesbaden

Seite 14 und 22 aus: Vinzent Monteil, Muselmanische Welt,
Verlag Horizons de France, Paris

Seite 19 und 25 aus: Mission 1972, Mappe II, Schaukastenbilder I
und III, Freimund-Verlag, Neuendettelsau

Seite 34 aus: "Epoca", 1967/11

Seite 41 aus: "Pardon" 1971/6, Zeichnung Kurt Halbritter

44